Taoki
et compagnie
Méthode de lecture syllabique

Cahier d'exercices 2

Isabelle CARLIER
Professeure des écoles

NOUVEAUX PROGRAMMES 2016

Angélique LE VAN GONG
Professeure des écoles

istra

Édition : Élise LABRY
Création de la maquette de couverture : Florence LE MAUX
Illustration de la couverture : Patrick CHENOT
Création de la maquette intérieure : Florence LE MAUX
Mise en pages : TYPO-VIRGULE
Fabrication : Marc CHALMIN
Illustrations de l'intérieur : Patrick CHENOT ; Gilles POING, p. 70

PAPIER À BASE DE
FIBRES CERTIFIÉES

H hachette s'engage pour
l'environnement en réduisant
l'empreinte carbone de ses livres.
Celle de cet exemplaire est de :
0,62 kg éq. CO₂
Rendez-vous sur
www.hachette-durable.fr

ISBN : 978-2-01-394778-7

© Hachette Livre 2017, 58, rue Jean Bleuzen – CS 70007 – 92178 Vanves Cedex

Tous droits de traduction, de reproduction et d'adaptation réservés pour tous pays.

Avant-propos

L'apprentissage du code : périodes 4 et 5

Ce second cahier d'exercices porte sur les périodes 4 et 5 du manuel *Taoki et compagnie*. Il prolonge et enrichit le travail d'apprentissage du code mené dans la méthode de lecture syllabique.

Du son à la graphie

Chaque leçon du manuel est traitée sur trois pages dans le cahier, reprenant pas à pas la démarche du livre, pour permettre aux enfants de consolider l'acquisition des sons étudiés et de fixer de nouvelles graphies.

Chaque chapitre du cahier commence par des exercices de phonologie et de discrimination auditive (J'entends). Puis est abordée la ou les graphies du son (Je vois) conduisant les élèves à des activités d'écriture (J'écris). La compréhension de l'histoire (Je comprends l'histoire de Taoki) est abordée en fin de leçon. Conformément aux nouveaux programmes, des exercices d'étude de la langue (J'observe la langue) sont régulièrement proposés, en suivant la progression du manuel.

Des exercices marqués d'une étoile signalent les exercices différenciés, afin de gérer l'hétérogénéité des classes.

De la graphie du mot à la phrase

La progression dans le type de tâches demandées permet avant tout de rassurer l'élève pour l'amener petit à petit vers une autonomie d'écriture. Dans la rubrique J'écris, les exercices portent sur l'écriture de mots. Viennent ensuite des phrases, qui permettent à l'élève de réellement donner du sens à ce qu'il écrit.

Des pages de révisions

Des pages de révisions sont proposées toutes les cinq à six leçons, pour consolider les apprentissages et réinvestir les phonèmes et les graphèmes étudiés précédemment.

Les productions d'écrit

Le cahier 2 propose, en fin de période 5, six productions d'écrit guidées. Les productions proposées abordent différents types d'écrits : la description, la présentation, le conte, la carte postale, la liste et l'invitation.

Les jeux

Quatre pages de jeux sont également proposées dans ce second cahier d'exercices. Bien que situées en fin d'ouvrage, elles peuvent être exploitées lors des révisions puisqu'elles suivent la progression de l'étude des sons.

Les pages « Vers le CE1 »

Cinq pages « Vers le CE1 » viennent clore ce second cahier d'exercices. Elles reprennent les notions d'étude de la langue abordées dans le manuel en proposant des exercices d'une difficulté légèrement augmentée afin de guider l'élève vers le CE1.

Les auteures

Sommaire

4ᵉ PÉRIODE

q k ch

Date : _____

Deux dragons dans la ville

J'entends

① **Colorie** les dessins quand tu entends **c** .

  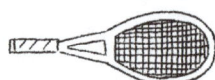 

② **Coche** la case quand tu entends **c** .

  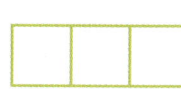 

Je vois

③ **Lis** les mots et **colorie** toutes les lettres qui font **c** .

un képi – une équipe – un kiosque – un cri – un karatéka – un écho –

un coq – un coéquipier – un coquetier – une orchidée – un choriste

④ **Entoure** les lettres que tu as coloriées dans l'exercice 3.

r – p – c – l – q – é – m – ch – i – n – h – s – k – t – u

⑤ **Colorie** la lettre qui suit le **q** dans ces mots.

un disque – une quiche – quinze – un paquet – un pique-nique –

un quiproquo – une coque – une boutique – le Québec

Quelle lettre suit le **q** dans ces mots ?

J'écris

6 **Complète** les mots avec *c*, *qu* ou *ch*, comme dans l'exemple.

- une é**c**ole → un é**c**olier
- une é**qu**ipe → un é____ipier
- quatre → ____atrième

- du café → une ____afetière
- l'équilibre → l'é____ilibriste
- Christine → ____ristian

7 **Écris** les mots sous les dessins.

- **c** s'écrit **c**

un ____

un ____

- **c** s'écrit **q**

une ____

- **c** s'écrit **k**

un ____

des ____ s

- **c** s'écrit **ch**

un ____

une ____

8 **Remets** les mots **dans l'ordre** pour **écrire** des phrases.

- quitté – Christina – chorale. – soudain – a – la

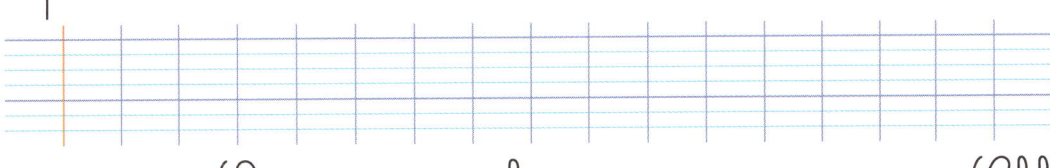

- quatre – Le – piqué – fois. – moustique – a – Chloé

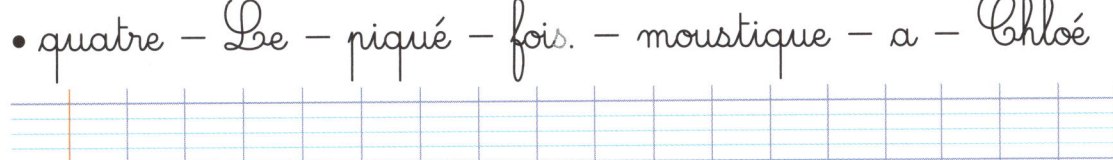

Je comprends l'histoire de Taoki

9 **Barre** ce qui n'est pas dans le texte de l'histoire.

10 **Coche** la bonne case.

	Vrai	Faux
Les Chinois qui défilent portent des pyjamas et des casques.		
Taoki se dandine dans le défilé.		
Il y a des équilibristes devant les chars.		
Un énorme crocodile marche parmi les chars.		

11 **Colorie** de la même couleur les phrases de même sens.

Un énorme dragon se dandine.

La foule admire les hommes qui défilent.

Les passants regardent le défilé.

Les Chinois portent des masques.

Les hommes sont masqués.

Un gros dragon remue.

★ **12** Imagine que Taoki et Hugo enfilent des kimonos et des masques et se mettent à danser dans le défilé. **Décris** la scène.

De gros yeux dans la nuit

J'entends

1 **Entoure** en bleu quand tu entends et en rouge quand tu entends .

  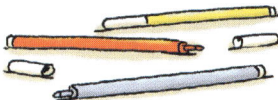

2 **Relie** les dessins qui ont la même syllabe.

Je vois

3 **Lis** les mots et **colorie** toutes les lettres qui font **eu**.

le feu – bleu – un adieu – un vœu – jeudi – un creu – un aveu –

un nœud – deux – un pneu – des œufs – une meute – heureux

4 **Entoure** les lettres que tu as coloriées dans l'exercice 3.

ou – e – au – eu – an – on – en – œu – eau – et – ai

5 **Lis** les mots et **colorie** toutes les lettres qui font **e**.

ma sœur – un moteur – un œuf – le majeur – une couleur – une œuvre –

la peur – du beurre – le cœur – un voleur – un meuble

6 **Entoure** les lettres que tu as coloriées dans l'exercice 5.

ou – e – au – eu – an – on – en – œu – eau – et – ai

9

7 **Recopie** les mots dans la bonne colonne.

un feutre – une heure – un lieu – seul – peu – la fleur

👁 eu et 👂 **e** .	👁 eu et 👂 **eu** .

J'écris

8 **Utilise** les syllabes pour **écrire** les mots.

cla – pieu – sseur – teur – fac – vre

 un _____

 un _____

 une _____

9 **Écris** les mots sous les dessins.

 le _____

 un _____

 un _____

10 **Relie** les mots pour faire des phrases, puis **écris**-les.

Émilie •
• tire •
• offre •
• des fleurs •
• la queue •
• du chat.
• à sa mère.

★ **11** **Complète** la liste avec des noms de métiers qui se terminent par **eur**.

un acteur – _____

Je comprends l'histoire de Taoki

12 **Entoure** le dessin qui correspond à l'histoire.

13 **Entoure** la bonne réponse.

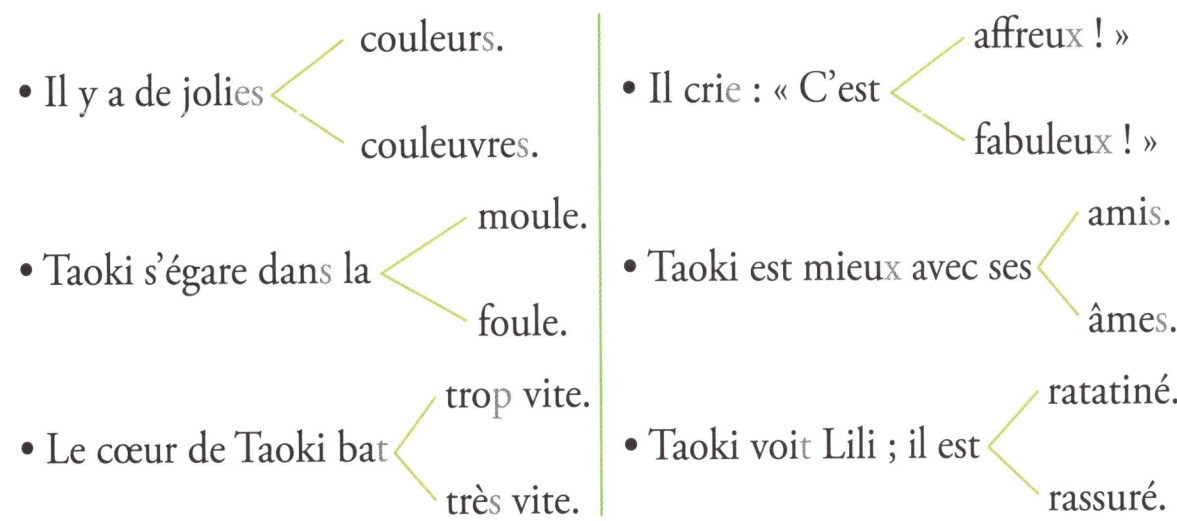

• Il y a de jolies ⟨ couleurs. / couleuvres.

• Taoki s'égare dans la ⟨ moule. / foule.

• Le cœur de Taoki bat ⟨ trop vite. / très vite.

• Il crie : « C'est ⟨ affreux ! » / fabuleux ! »

• Taoki est mieux avec ses ⟨ amis. / âmes.

• Taoki voit Lili ; il est ⟨ ratatiné. / rassuré.

★ **14** **Écris** une phrase pour répondre aux questions.

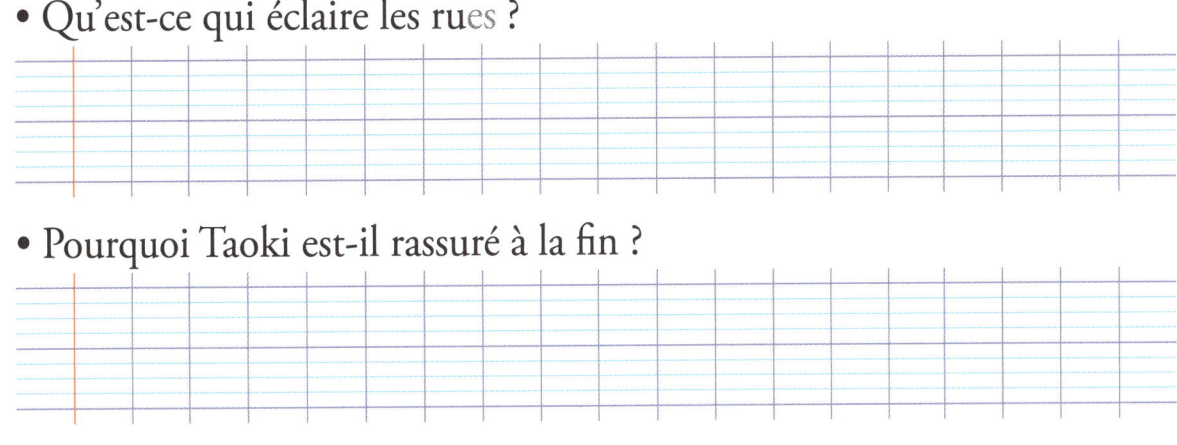

• Qu'est-ce qui éclaire les rues ?

• Pourquoi Taoki est-il rassuré à la fin ?

À l'assaut des gratte-ciel !

J'entends

1 **Entoure** en bleu quand tu entends **g** et en rouge quand tu entends **j** .

2 **Relie** le dessin à la syllabe que tu entends.

| gue | gui | ge | gi |

Je vois

3 **Lis** les mots et **colorie** les lettres qui suivent le **g** pour faire **g** .

une gaffe – une blague – une guirlande – un gamin – une meringue –
un guichet – fatigué – une mangue – un gobelet – un gourmand –

4 **Entoure** les lettres que tu as coloriées dans l'exercice 3.

a – e – é – è – ê – i – o – u – y

5 **Lis** les mots et **colorie** les lettres qui suivent le **g** pour faire **j** .

un villageois – un plongeoir – une girafe – une orangeade – la tige –
le rouge – du givre – une fougère – un géant – la gymnastique

6 **Entoure** les lettres que tu as coloriées dans l'exercice 5.

a – e – é – è – ê – i – o – u – y

★ **7** **Recopie** les mots dans la bonne colonne.

un singe – une figue – un archéologue – la digue –
un barrage – un guichet – un réfrigérateur – un gilet

👁 g et 👂 **g** .	👁 g et 👂 **j** .

J'écris

8 **Complète** les mots avec *e* ou *u*.

un g—ide – une bag—e – un boug—oir – g—érir –
la lang—e – mang—able – un plong—on –
une g—itare – un catalog—e – une mang—oire –
une marg—erite – un g—épard – une alg—e

9 **Sépare** les mots et **écris** chaque phrase.

• LilimangeunemanguerécoltéeenGuinée.

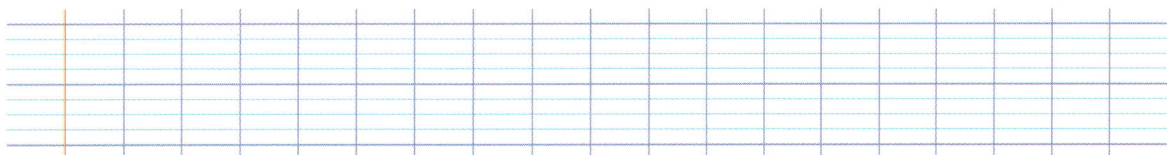

• Ilamisdesgantsmaissesdoigtssontgelés.

J'observe la langue

10 **Écris** le contraire de ces phrases, comme dans l'exemple.

- Georges partage son repas. → Georges *ne* partage *pas* son repas.

- Je lis sur la plage. → Je _____ lis _____ sur la plage.

- Le linge sèche dehors. → _____

- Je suis fatigué. → _____

Je comprends l'histoire de Taoki

11 **Entoure** la bonne réponse.

- Nos amis sont à Los Angeles.
                 à New York.

- La ville est surnommée « la Grosse Pomme ».
                          « la Grosse Poire ».

- Les enfants sont époustouflés par la hauteur des gratte-nuages.
                                                 des gratte-ciel.

- Taoki se prend pour un super-héros.
                       un super-zéro.

12 **Complète** le texte avec les mots suivants.

prend – grimpe – admirent – géante – Ahuris

Lili et Hugo _____ les gratte-ciel. Cette ville est

vraiment _____. Taoki _____ le long des murs

d'un immeuble : il se _____ pour un super-héros.

_____, les gens le regardent passer.

La statue de la Liberté

J'entends

1 **Coche** la case quand tu entends **in** .

 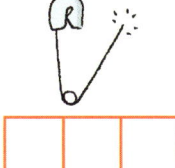 

☐☐   ☐☐   ☐☐   ☐☐

2 **Entoure** le dessin quand tu entends le son demandé.

pin     **din**

min    **trin**

Je vois

3 **Lis** les mots et **colorie** toutes les lettres qui font **in** .

un forain – un câlin – un américain – un rein – des poussins – atteindre –

ainsi – un pingouin – une peinture – un essaim – un refrain – la faim

4 **Entoure** les lettres que tu as coloriées dans l'exercice 3.

oin – un – en – ain – ien – ein – aim – ion – an – on – in

5 **Recopie** les mots dans la bonne colonne.

le prochain – une Américaine – la dizaine –
un copain – le lendemain – la fontaine

👁 ain et 👂 **in** .	👁 ain et 🚫👂 **in** .
_____	_____
_____	_____
_____	_____

J'écris

6 **Écris** les mots sous les dessins.

- **in** s'écrit **ain**

un _____

du _____

- **in** s'écrit **ein**

les _____

la _____

- **in** s'écrit **aim**

Il a _____ .

un _____

- **in** s'écrit **in**

un _____

du _____

7 **Remets** les syllabes **dans l'ordre** pour écrire des mots.

- vain – é – cri   l'_____
- tu – re – tein   la _____
- fri – a – cain   _____

8 **Relie** les groupes de mots pour faire des phrases, puis **écris**-les.

Un essaim d'abeilles •   • a donné •   • sous le toit.

Romain •   • est accroché •   • un coup de frein.

Je comprends l'histoire de Taoki

9 **Complète** les phrases avec les mots suivants.

Paris – la statue de la Liberté – Lili – flamme – symbole

- La statue de la Liberté est le _____ des États-Unis.

- Hugo ira voir la copie de la statue à _____.

- _____ parle avec des touristes.

- Taoki a une fausse _____ dans la main.

- Taoki imite _____.

★ **10** **Écris** une phrase pour répondre aux questions.

- Que partent voir nos amis ?

- Dans quelle ville se trouve ce monument ?

★ **11** **Écris** quelques phrases pour décrire l'image.

Quel rodéo !

J'entends

1 **Coche** la case quand tu entends **o** .

Je vois

2 **Lis** les mots et **colorie** toutes les lettres qui font **o** .

un lasso – un fauve – un bateau – gros – un cochon – un taureau –

chauve – un bureau – un blaireau – des chevaux – une taupe

3 **Entoure** toutes les lettres que tu as coloriées dans l'exercice 2.

ai – o – a – au – on – eau – eur – ain – ou

4 **Recopie** les mots dans la bonne colonne.

une otarie – un préau – un écriteau – un autre –
Aurélie – un moineau – un zéro – un robot – un carreau

👂 **o** et 👁 o.	👂 **o** et 👁 au.	👂 **o** et 👁 eau.

Colorie l'étiquette qui convient.

Le **eau** est dans la plupart des mots | au début | | à la fin | .

J'écris

5 **Écris** les mots sous les dessins. Attention ! le son  s'écrit **eau**.

un _____ un _____ un _____

6 **Complète** les mots avec _o_ ou _eau_.

une _____ live – un poir _____ – un _____ péra –

un _____ rage – un mant _____ – une _____ deur –

une _____ tite – un cout _____ – une _____ range

7 Dictée de mots.

8 **Écris** une phrase qui contient les deux mots proposés.

• moineaux – ruisseau

★ • cadeau – gâteau

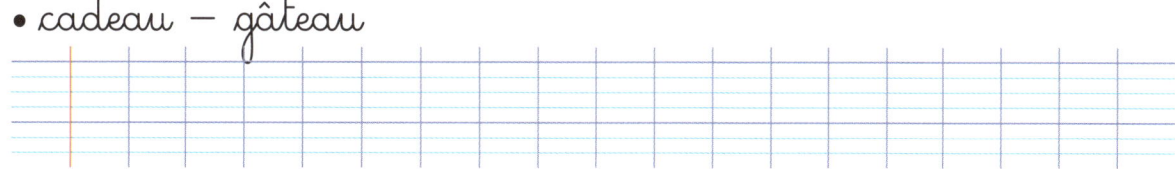

9 **Complète** comme dans l'exemple.

• un carreau → **des** carreaux   • _____ → **des** gâteaux

• un chameau → _____   • _____ → **des** drapeaux

• un traîneau → _____   • un troupeau → _____

Je comprends l'histoire de Taoki

10 **Relie** les phrases au bon personnage.

Il veut jouer au héros. •

Il a un polo à carreaux. •

Il a un chapeau sur la tête. •

Il fait du rodéo. •

Il monte sur Tornado. •

•

•

11 **Complète** le texte avec les mots suivants.

héros – enclos – carreaux – rodéo – ranch – chevaux – Tornado – chapeau

Lili, Taoki et Hugo sont dans un ―――――――. Taoki a mis

un ――――――― sur sa tête et il porte un polo à ―――――――.

Dans ce ranch, on élève des ―――――――. Ils sont rassemblés

dans un ―――――――. Hugo se prend pour un ―――――――

de film. Il grimpe sur ―――――――. Quel ―――――――!

★ **12** Lili téléphone à sa maman pour lui raconter sa journée au ranch.
Écris quelques phrases.

Retour à l'écurie

J'entends

1 **Entoure** les dessins quand tu entends **oin**.

Je vois

2 **Colorie** toutes les cases où tu vois les différentes écritures de **oin** pour aider l'écureuil à retrouver son gland.

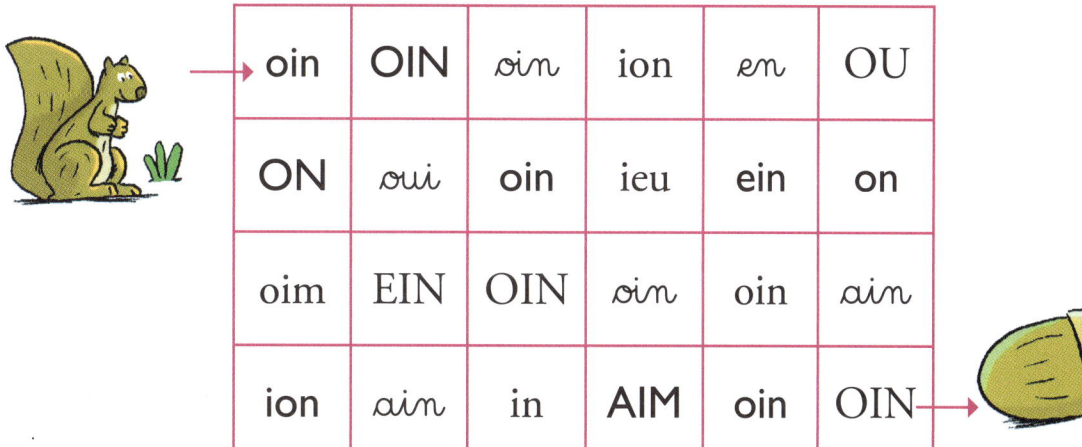

oin	OIN	oin	ion	en	OU
ON	oui	oin	ieu	ein	on
oim	EIN	OIN	oin	oin	ain
ion	ain	in	AIM	oin	OIN

3 **Recopie** les mots dans la bonne colonne.

*loin – une pivoine – un témoin – un groin –
une héroïne – le soin – un moine – un moineau*

👁 oin et 👂 **oin**.	👁 oin et 🚫👂 **oin**.

21

★ **4** **Colorie** de la même couleur les mots qui ont la même syllabe.

un adjoint	pointu	moins
un conjoint	moindre	un pointeur
le pointage	un témoin	pointer
joindre	néanmoins	rejoindre

J'écris

5 Dictée de syllabes.

6 Devinettes.

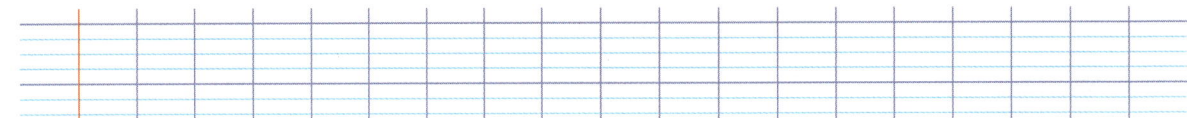

- Je suis le contraire de *plus*. Je suis _ _ _ _ _ s.

- Les chevaux me mangent. Je suis le _ _ _ _ _ .

- Je pique au bout de l'épée. Je suis la _ _ _ _ _ _ _ .

- Je suis la grandeur de tes chaussures. Je suis la _ _ _ _ _ _ _ _ _ .

★ **7** **Remets** les mots **dans l'ordre** pour **écrire** des phrases.

- gratte – le – avec – cochon – foin – groin. – Le – son

- prend – La – ses – de – chatte – soin – chatons.

Je comprends l'histoire de Taoki

8 **Entoure** la bonne réponse.

• Le ranch se trouve :

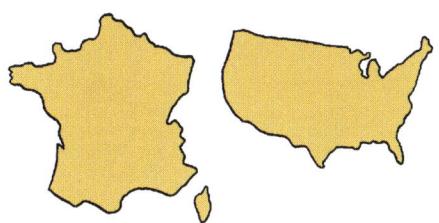

• Hugo est en train de :

• Lili fait le tour du ranch avec :

• Dans le hangar est rangé :

9 **Coche** la bonne case.

	Vrai	Faux
Taoki et Hugo lavent Tornado.		
L'eau réchauffe le cheval.		
Lili fait le tour du ranch avec Jack.		
Le foin est rangé dans des tonneaux.		
Les chevaux sont nourris avec des graines.		
Taoki s'endort dans les écuries.		

★ **10** Imagine ce que Taoki dit à Tornado pendant qu'il le brosse.
Écris quelques phrases.

Révisions

J'entends

1 **Relie** le dessin au son que tu entends.

   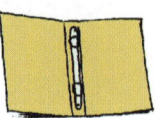  

 **eu**    **o**

2 **Relie** le dessin au son que tu entends.

 **in**    **oin**

Je vois

3 **Colorie** les **eau** en bleu et les **au** en rouge.

une épaule – un troupeau – la gauche – un pruneau – un poireau –

un caniveau – beaucoup – des chaussons – un veau – une autruche

4 **Recopie** les mots dans la bonne colonne.

demain – copain – plein – peinture – pépin –
inconnu – grain – câlin – peindre

👁 in.	👁 ain.	👁 ein.

J'écris

5 **Écris** les mots qui correspondent aux dessins.

g s'écrit **g**

un ___

j s'écrit **g**

un ___

g s'écrit **gu**

une ___

j s'écrit **ge**

un ___

6 Dictée de mots-outils.

J'observe la langue

7 **Écris** le contraire de ces phrases.

• Christine manque de ketchup.

• Kylian pratique le ski.

Je comprends l'histoire de Taoki

8 **Entoure** en rouge les éléments de la fête de la Chine et en bleu les éléments de la visite de Taoki en Amérique.

S = Z

Date : _____

Arrivée en classe de mer

J'entends

1 **Coche** la case quand tu entends **z** .

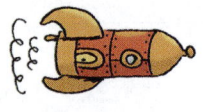

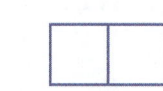

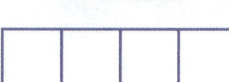

Je vois

2 Dans chaque colonne, **entoure** la syllabe que les mots ont en commun.

la tisane	la visite	l'oiseau	le blouson
le visage	un cuisinier	le museau	la liaison
le mimosa	hésiter	le réseau	la maison
le rasage	le parasite	le roseau	la prison

3 **Recopie** les mots dans la bonne colonne.

un lézard – un cousin – la poste – un voisin –
un magasin – une pastèque – un magazine –
une console – une poésie – un zèbre – un coussin – un zoo

👁 s et 👂 **s** .	👁 s et 👂 **z** .	👁 z et 👂 **z** .

J'écris

4 **Remets** les syllabes **dans l'ordre** pour écrire les mots.

- se – va – li   *la* _____
- ne – cui – si   *la* _____
★ - man – gour – se – di   *la* _____

5 **Relie** les groupes de mots pour faire des phrases, puis **écris**-les.

Le jardinier •   • *est posée* •   • *les fraisiers.*
La friteuse •   • *arrose* •   • *dans la cuisine.*

J'observe la langue

6 **Colorie** en orange les phrases qui sont des questions.

| Est-ce que tu aimes le vert ? | | Vas-tu à la piscine ? |

| Que c'est beau ! | Quand arrives-tu ? | Il dort. |

| À demain ! | Quand reviens-tu ? | Elle boit du café. |

Je comprends l'histoire de Taoki

7 **Relie** chaque question à sa réponse.

Qui est bien arrivé ? •   •

Avec qui Taoki est-il installé ? •   •

Qu'y a-t-il en haut de la falaise ? •   •

8 **Entoure** la bonne réponse.

• Nos amis sont en classe
                de nuit.
                de nature.

• Taoki est dans la même chambre que
                Hugo.
                Lili.

• Les habits sont rangés dans
                des casiers.
                des armoires.

• Les enfants sont partis jouer sur
                le port.
                la plage.

★ **9** Imagine que Hugo écrit à ses parents pendant sa classe de nature.
    Écris sa carte postale.

Monsieur et Madame Dupont

6 allée des Lilas

99000 Petiville

ph = f

Date : _____

Croisière marine

J'entends

1 **Colorie** les animaux quand tu entends .

2 **Coche** la case quand tu entends .

Je vois

3 **Recopie** les mots dans la bonne colonne.

l'alphabet – une frite – une fourchette – une phrase – un cafard – Philippe – la foule – un orphelin

👁 f et 👂 **f**.	👁 ph et 👂 **f**.

4 Dans chaque colonne, **entoure** la syllabe que les mots ont en commun.

un orthophoniste	un paragraphe	Raphaël	un trophée
une photographie	une catastrophe	un phare	un phénomène
aphone	un triomphe	Stéphanie	le périphérique

J'écris

5 **Complète** les mots avec *ph* ou *f*.

- le café → la ca_____etière
- la géogra**ph**ie → le géogra_____e
- la girafe → le gira_____on

- la photocopie → la _____otocopieuse
- l'éléphant → l'élé_____anteau
- la fourmi → la _____ourmilière

6 Devinettes. Attention ! le son **f** s'écrit **ph**.

- J'éclaire les bateaux dans la nuit. Je suis un _ _ _ _ _ _ .

- Je finis par un point. Je suis une _ _ _ _ _ _ .

- Quand je sonne, tu dis : « Allô ? » Je suis le _ _ _ _ _ _ _ _ _ .

7 Dictée de mots.

8 **Remets** les mots **dans l'ordre** pour **écrire** la phrase.

coeur. – connaît – l' – par – Philippine – alphabet

Je comprends l'histoire de Taoki _____

9 **Relie** les phrases au bon dessin.

Il a de puissantes lumières. •

Il est sur une île. •

Ils suivent le bateau. •

Ils ont un aileron sur le dos. •

10 **Coche** la bonne case.

	Vrai	Faux
Lili écrit à ses parents.		
Le bateau passe à côté d'un phare.		
Des baleines suivent le bateau.		
Hugo prend des photographies.		

★ **11** **Écris** une phrase pour répondre à la question.

À qui cette lettre est-elle adressée ?

★ **12** **Écris** quelques phrases pour décrire l'image.

Date : _____

Concours de sculptures de sable !

J'entends

1 **Relie** les dessins à la syllabe que tu entends.

| ci |
| ce |

Je vois

2 **Lis** les mots et **colorie** toutes les lettres qui font **s** .

un hameçon – le cirque – la saucisse – brusquement – le dessin –
un hérisson – une ambulance – le sucre – un poussin – un médecin

3 **Entoure** les lettres que tu as coloriées dans l'exercice 2.

k – c – q – d – s – ss – ç – z

4 **Recopie** les mots dans la bonne colonne.

un écran – une puce – un garçon – cinq –
le café – encore – le cinéma – ça – un maçon –
une culotte – français – des lacets

👁 c et 👂 **c** .	👁 c et 👂 **s** .	👁 ç et 👂 **s** .

J'écris

5 **Écris** les mots sous les dessins. Attention ! le son **S** s'écrit **c**.

la _____ | le _____ | le _____

6 **Écris** les mots sous les dessins. Attention ! le son **S** s'écrit **ç**.

un _____ | un _____ | la _____

7 **Complète** les mots avec **c** ou **ç**.

une le___on – une gla___e – une balan___oire – un soup___on –

une far___e – une fa___ade – la Fran___e – un cale___on –

une tron___onneuse – un gla___on – un ___itron – un rapa___e

8 Dictée de mots.

★ **9** **Complète** les phrases avec les mots suivants.

semaine – déçue – vacances – cerise – pièce – sorbet

• Marco déguste un _____ à la _____.

• Fadia part en _____ à la fin de la _____.

• Capucine est _____ par cette _____ de théâtre.

Je comprends l'histoire de Taoki

10 Entoure la bonne réponse.

• Nos amis ont participé à un concours de
    gâteaux de sable.
    sculptures de sable.

• Ils se sont mis chacun dans
    un coin.
    un point.

• Sur la tête d'un lion, il y avait
    des fleurs.
    des algues.

★ **11 Écris** une phrase pour répondre aux questions.

• Qui a organisé le concours sur la plage ?

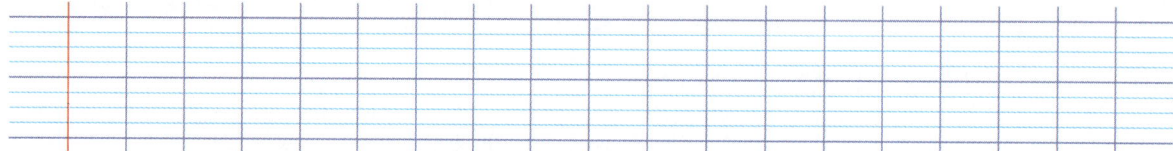

• Pourquoi Taoki s'est-il isolé ?

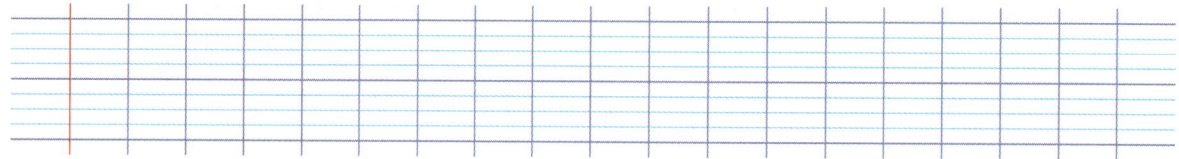

★ **12** Que va-t-il arriver aux sculptures quand les enfants auront quitté la plage ?
Écris et **dessine**.

La pêche à pied

J'entends

1 **Colorie** les dessins quand tu entends .

  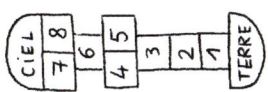 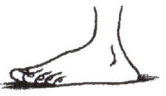

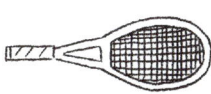   

Je vois

2 **Colorie** toutes les cases où le son s'écrit **e**.

verte	le renard	le désert	la reine	chercher
un blaireau	le serveur	le renne	le tigre	une école
la maison	la baleine	le trésor	la dînette	belle
la maîtresse	le cheval	elle	l'haleine	une bête

3 **Recopie** les mots dans la bonne colonne.

une chandelle – demain – un cheval – une hirondelle –
un renard – un serpent – le miel – une chemise

👁 e et 👂 e.	👁 e et 👂 è.

J'écris

4 **Écris** les mots sous les dessins.

la _____ du _____ une _____

une _____ des _____ s une _____

5 **Complète** les phrases avec des mots en **ette**.

• Une petite fourche est une _____.

• Une petite boule est une _____.

• Une petite statue est une _____.

★ **6** **Écris** une phrase qui contient les trois mots proposés.

• salopette – lunettes – belle

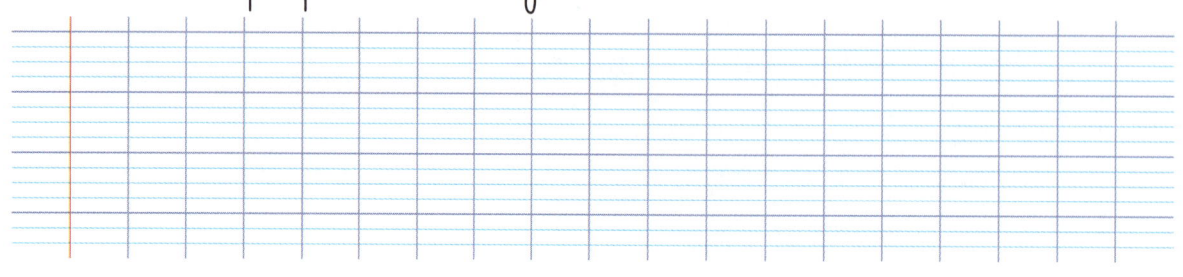

• omelette – prépare – courgettes

Je comprends l'histoire de Taoki

7 **Numérote** les phrases dans l'ordre de l'histoire.

....	J'ai glissé sur les algues vertes.
....	Je vous embrasse.
....	Maman chérie, papa adoré.
....	Je me suis fait un sacré bleu au genou.
....	Pauvre Taoki !
....	Taoki s'est fait pincer la patte !

8 **Relie** le début et la fin de chaque phrase.

Ces drôles de vers vivent •   • dans des bottes.

Les enfants ont mis leurs pieds •   • dans le sable.

La pêche se fait •   • dans les seaux.

Ils ont mis les crevettes •   • dans la main.

Taoki a voulu prendre un crabe •   • dans les rochers.

★ **9** **Décris** la tenue de Hugo pour partir à la pêche.

Un heureux événement

J'entends

❶ Entoure les dessins quand tu entends  .

   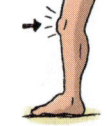

❷ Coche la case quand tu entends  .

Je vois

❸ Colorie tous les **gn** que tu vois dans ces phrases.

- De magnifiques cygnes s'éloignent de la berge.

- Le logo de cette compagnie est une fleur de magnolia.

- Je m'éloigne de ce lieu magnifique en compagnie d'Angélique.

❹ Colorie les cases contenant les mots suivants.

SIGNER	GAGNER
VIGNE	CAGNOTTE
GROGNE	LIGNE
CYGNE	ARAIGNÉE

C	A	G	N	O	T	T	E	F	L	G
A	R	A	I	G	N	É	E	Z	I	R
V	I	G	N	E	Z	G	N	D	G	O
S	O	N	C	Y	G	N	E	N	N	G
T	R	E	F	J	A	R	T	O	E	N
A	B	R	S	I	G	N	E	R	P	E

5 **Recopie** les mots dans la bonne colonne.

des lasagnes – un gilet – une consigne – un genou –
un ogre – une châtaigne – la neige – une guêpe – une figure

👁 g et 👂 **gn** .	👁 g et 👂 **j** .	👁 g et 👂 **g** .

J'écris

6 **Entoure** le mot qui correspond au dessin.

du linge
des lignes

un signe
un singe

un anneau
un agneau

★ **7** Devinettes.

• J'ai huit pattes et je tisse ma toile. Je suis l'_ _ _ _ _ _ _ _ e.

• Dans un cahier, il faut écrire dessus. Nous sommes les _ _ _ _ _ _ s.

• Il faut appuyer dessus pour ouvrir la porte. Je suis la _ _ _ _ _ _ _ e.

★ **8** **Écris** une phrase pour décrire chaque image.

Je comprends l'histoire de Taoki

9 **Entoure** le dessin qui correspond au texte de l'histoire.

 ou

 ou

10 **Colorie** d'une même couleur chaque question et sa réponse.

Comment s'appelle la sœur de Hugo ?

De quelle couleur sont ses cheveux ?

Où Hugo va-t-il voir sa sœur ?

Que porte-t-elle au poignet ?

Elle est blonde.

Elle s'appelle Agnès.

Au poignet, elle porte un bracelet.

Il va à la maternité.

★ **11** Hugo téléphone à Lili en rentrant de la maternité. **Écris** le dialogue.

« Allô, Lili ?

»

Un bébé à la maison

J'entends

① **Barre** les dessins quand tu n'entends pas .

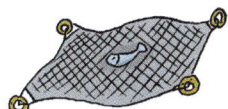   

② **Coche** la case quand tu entends ill.

   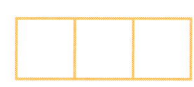

③ **Colorie** tous les mots où tu entends ill pour ramener le bateau au port.

griller	la vanille	une mygale	une villa
un lys	le maquillage	un coyote	une analyse
mille	tranquille	une cédille	une voyelle

Je vois

④ **Recopie** les mots dans la bonne colonne.

*la ville – un pyjama – une coquille –
un gyrophare – un voyage – brillant*

👁 i ou y et 👂 i.	👁 i ou y et 👂 ill.

J'écris

5 **Écris** les mots sous les dessins.

- **ill** s'écrit **ill**

une _____

la _____

- **ill** s'écrit **y**

un _____

un _____

6 **Relie** les groupes de mots pour faire des phrases, puis **écris**-les.

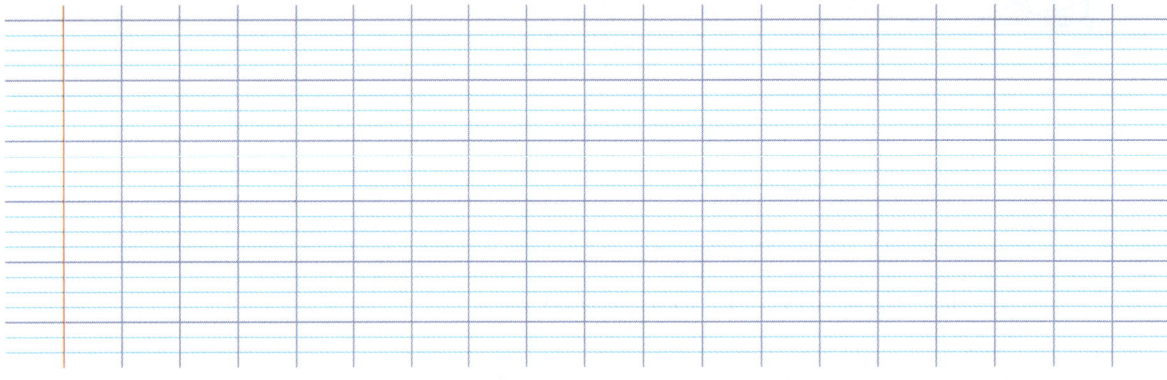

La petite fille •   • est tombée •   • dans la nuit.

Mon aiguille •   • brille •   • sa poupée.

Une étoile •   • habille •   • dans les brindilles.

7 Dictée de phrases.

Je comprends l'histoire de Taoki

8 **Entoure** la bonne réponse.

- Hugo est heureux du retour de
  - sa sœur.
  - son frère.

- Hugo veut prendre sa sœur
  - sur ses genoux.
  - dans ses bras.

- Agnès mordille la tétine
  - de la sucette.
  - du biberon.

9 **Complète** le texte avec les mots ci-dessous.

sœur – yeux – biberon – maternité – bras – tétine

Agnès et sa mère sont sorties de la ——————. Hugo est heureux

que sa —————— soit là mais elle pleure.

« Je veux la prendre dans mes ——————, dit Hugo à sa mère.

– Elle a faim ; donne-lui son —————— : cela la calmera. »

Agnès ouvre grand ses ——————. Elle mordille

la —————— du biberon.

★ **10** Imagine ce que peut dire Hugo à sa petite sœur lorsqu'il la berce.
Écris quelques phrases.

Date : _____

Révisions

J'entends

1 **Relie** le dessin au son que tu entends.

s   z

Je vois

2 **Colorie** les cases contenant les mots suivants.

ROSE   CYGNE

PLACE   BILLET

CHEF   LEÇON

PHARE   PINCE

N	B	V	U	S	D	C
P	I	N	C	E	A	Y
L	L	R	H	M	R	G
A	L	L	E	Ç	O	N
C	E	O	F	B	S	E
E	T	V	I	U	E	Q
P	H	A	R	E	G	T

J'écris

3 **Écris** les mots sous les dessins.

la _____ | une _____ | le _____

4 **Remets** les lettres **dans l'ordre** pour écrire des mots outils.

ô – t – n – i – b – e – t | p – r – o – t

_____ | _____

à – é – j – d | m – o – n – e – c – m – t

_____ | _____

J'observe la langue

5 **Invente** une question pour chaque phrase.

• Les serpents vivent dans le désert.

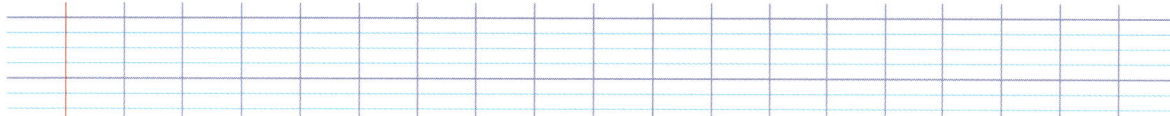

• Cette robe est rose et verte.

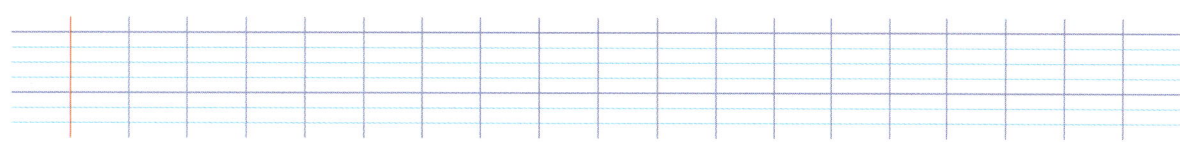

Je comprends l'histoire de Taoki

6 **Complète** ces devinettes sur les aventures de Taoki.

• Son eau est salée. C'est la _ _ _.

• Hugo a glissé dessus. Ce sont les _ _ _ _ _ _ _.

• Elles sont en sable. Ce sont les _ _ _ _ _ _ _ _ _ _ _.

• C'est la sœur de Hugo. C'est _ _ _ _ _ _.

• Agnès les a bleus. Ce sont ses _ _ _ _ _.

7 **Colorie** chaque question et sa réponse de la même couleur.

Où les élèves sont-ils allés ?

Qui est Agnès ?

Que donne Hugo à sa petite sœur ?

C'est la sœur de Hugo.

Ils sont allés au bord de la mer.

Il lui donne le biberon.

À l'assaut du château fort !

J'entends

1 **Colorie** en bleu quand tu entends **ail** et en rouge quand tu entends **eil**.

Je vois

2 **Barre** l'intrus dans chaque liste.

- vieil – vieillir – ville – vieillot

- conseil – consommé – conseiller – déconseiller

3 **Lis** les mots et **entoure** ceux où tu entends **ail**.

la vanille – la canaille – une quille – une maille – mille – de l'ail –

un palier – une caille – piller – une aile – un allié – une faille –

le bétail – rayer – payer – un poulailler – un travail

★ **4** **Recopie** les mots dans la bonne colonne en ajoutant *un* ou *une*.

corail – sommeil – merveille – paille –
appareil – corbeille – bataille – réveil

masculin	féminin

J'écris

5 **Écris** les mots sous les dessins.

une _____ | un _____ | un _____

★ **6** Devinettes.

• Je vis dans une ruche. Je suis une _ _ _ _ _ _ _.

• On me plonge dans un verre pour boire. Je suis la _ _ _ _ _ _ _.

• Je suis fermée par un bouchon. Je suis la _ _ _ _ _ _ _ _.

• Je brille le jour. Je suis le _ _ _ _ _ _ _.

J'observe la langue

7 **Complète** les phrases avec les adjectifs ci-dessous.

grande – petits – bon – fermée

• Tu m'as donné un _____ conseil.

• Cette porte est _____.

• Regarde cette _____ chenille.

• J'ai ramassé plein de _____ cailloux.

8 **Choisis** deux adjectifs pour décrire chacun des animaux, puis **écris**-les dessous.

petite – énorme – grande – grise – verte – rayé – rapide – gracieuse – gros

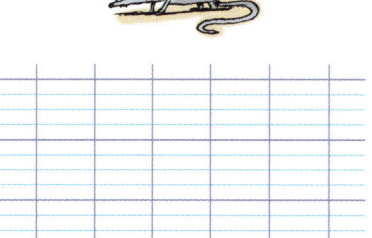 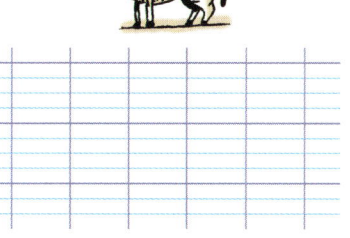

Je comprends l'histoire de Taoki

9 Numérote les phrases dans l'ordre de l'histoire.

....	Hugo et Taoki partent à l'assaut du château.
....	Les enfants ont mis des déguisements.
....	La visite du château fort est au programme de la journée.
....	Malgré le bruit, Agnès dort paisiblement.
....	Ils traversent le pont-levis.

10 Écris une phrase pour répondre aux questions.

• Pourquoi Hugo et Taoki sont-ils déguisés en chevaliers ?

• Par où entre-t-on dans un château fort ?

★ • Que fait Agnès ?

★ • Que fait le père de Hugo ?

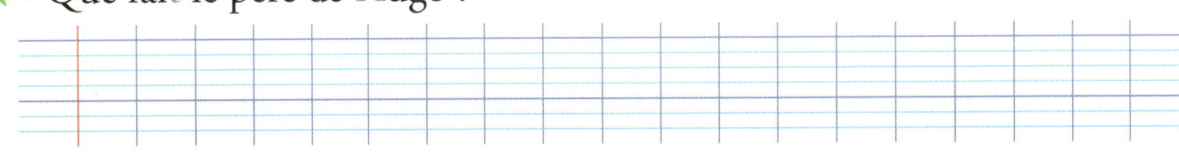

★ **11 Relie** chaque mot au déguisement de Hugo.

un heaume •

• une cotte de mailles

une épée •

• un bouclier

Le tournoi

J'entends

1 **Colorie** les dessins quand tu entends **euil**.

2 **Entoure** les dessins quand tu entends **ouil**.

Je vois

3 **Colorie** les cases contenant les mots suivants.

FEUILLE   BOUILLIR

CERFEUIL   OUILLE

FENOUIL   SEUIL

ŒIL   GARGOUILLE

B	O	U	I	L	L	I	R	A	O
F	E	N	O	U	I	L	B	S	U
U	I	F	E	U	I	L	L	E	I
E	L	T	G	O	R	S	T	U	L
I	M	C	E	R	F	E	U	I	L
G	A	R	G	O	U	I	L	L	E

★ **4** **Recopie** les mots dans la bonne colonne en ajoutant *le* ou *la*.

rouille – grenouille – fauteuil – deuil – fouille – citrouille – fenouil – chevreuil – feuille – écureuil

masculin	féminin

49

J'écris

5 **Écris** les mots sous les dessins.

une _____ | une _____ | un _____

6 **Complète** les mots avec *euill* ou *ouill*.

la frip_____e

le br_____ard

le chèvref_____e

m_____é

le portef_____e

un br_____on

la ratat_____e

un f_____eton

7 Dictée de mots.

★ 8 **Écris** deux phrases pour décrire le dessin.

Je comprends l'histoire de Taoki

9 **Barre** ce qui n'est pas dans le texte de l'histoire.

10 **Entoure** la bonne réponse.

• Un concert }
  Un spectacle } va être donné devant le château.

• Taoki a enfilé une cotte — de paille.
  — de mailles.

• Il a une grenouille pour — armoiries.
  — armoire.

• La plume de bouvreuil lui chatouille — le nez.
  — l'oreille.

• Chaque chevalier est équipé — d'une lance.
  — d'une épée.

• Le vainqueur recevra — un baiser.
  — un bijou.

11 **Coche** la bonne case.

	Vrai	Faux
Le spectacle donné est une joute.		
Le père de Hugo participe au tournoi.		
Sur l'écu d'un des chevaliers, il y a un crapaud.		
La joute se fait à cheval.		
On entend la voix du père de Lili.		
Le vainqueur aura un baiser de la princesse Lili.		

Un banquet au château

J'entends

1 **Entoure** les dessins de la couleur demandée quand tu entends les sons suivants.

| ian | ien | ieu | ion |

Je vois

2 **Colorie** toutes les cases où tu vois des mots en **ion**.

ROI	scorpion	point	RÉGION	oignon	foin
groin	PION	division	loin	NOIX	lion

3 **Entoure** tous les mots où tu vois **ian**.

un diamant – le train – un mendiant – une ambiance – des fiançailles – un étudiant – la viande – maintenant

4 **Recopie** les mots dans la bonne colonne.

un adieu – un bien – Damien – Matthieu – curieux – un comédien – ancien – vieux

👁 ien	👁 ieu

J'écris

5 **Complète** comme dans l'exemple.

- l'Algérie → *algérien*
- le Brésil → *brésil*_____
- l'Italie → _____

- le Canada → _____
- l'Arménie → _____
- l'Australie → _____

★ **6** Devinettes.

- Je vis dans un tipi. Je suis un __ __ __ __ __ .
- Je vends des médicaments. Je suis un __ __ __ __ __ __ __ __ __ .
- Je suis la femelle du chien. Je suis la __ __ __ __ __ __ .
- Je transporte des passagers dans les airs. Je suis un __ __ __ __ __ .
- La musique est mon métier. Je suis un __ __ __ __ __ __ __ .

7 Dictée de phrases.

J'observe la langue

8 **Entoure** un mot ou un groupe de mots dans chaque liste pour donner des précisions sur la phrase en rose.

La voiture roule.

- La voiture est : *rouge − blanche − nerveuse − de sport*
- La voiture roule : *sur l'autoroute − dans la rue − sur le parking*
- C'est la voiture : *de mon oncle − de mon voisin − de mon père*

★ **9** **Réécris** la phrase en rose de l'exercice **8** en ajoutant tous les mots que tu as entourés.

Je comprends l'histoire de Taoki

10 **Barre** les mots qui ne sont pas dans l'histoire. **Écris** les bons mots.

Le banquet a lieu dans le four du château. Tout le monstre est

en costume du Moyen Âge. Les musiciens sont là avec leurs tampons

et leurs violes. Le fou fait sonner ses grêlons. Les parents de Taoki

se lancent dans une farandole pendant que Hugo déguste un requin.

11 **Écris** le nom des objets ou des personnages dont on parle.

- Ils jouent de la viole et du tambourin. → _____
- Ils éclairent les musiciens. → _____
- Ils racontent des aventures de l'ancien temps. → _____
- Il porte un costume à grelots. → _____
- Ils adorent la musique. → _____

En route pour le monde de Taoki !

J'entends

1 **Colorie** les dessins quand tu entends si .

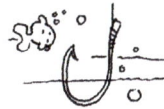 

2 **Lis** les mots et **colorie** toutes les cases où tu entends si
pour que le pirate retrouve son trésor.

un Martien	une réparation	un bâton	un jeton
un timbre	un dalmatien	une ortie	le coton
une teinte	une punition	la circulation	le soutien
un ouistiti	un entretien	un Égyptien	impatient

Je vois

3 **Recopie** les mots dans la bonne colonne.

une réaction – une tartine – une correction –
une partie – le tien – la patience – la sortie –
des acrobaties – une question – spatial

ti et si .	ti et ti .

J'écris

4 **Remets** les syllabes **dans l'ordre** pour **écrire** les mots.

des _____   une _____   une _____

5 Dictée de mots.

★ **6** Devinettes.

- 3 + 4 = 7 est une _ _ _ _ _ _ _ _ _ .

- 5 − 1 = 4 est une _ _ _ _ _ _ _ _ _ _ _ .

- Le liquide magique que préparent les sorcières est une _ _ _ _ _ _ _ _ .

- À l'école, on s'amuse pendant la _ _ _ _ _ _ _ _ _ _ _ .

Je comprends l'histoire de Taoki

7 **Entoure** la bonne réponse.

- Taoki est apparu pour la première fois dans la ⎨ cantine.
  bibliothèque.

- Aujourd'hui, tous les trois partent pour ⎨ le monde de Taoki.
  l'école.

- Le départ se fait à travers ⎨ un tableau.
  un livre.

8 **Écris** une phrase pour répondre aux questions.

• Pourquoi Taoki doit-il rentrer chez lui ?

• Que vont faire Lili et Hugo chez Taoki ?

★ • Comment peut-on se rendre dans le monde de Taoki ?

★ • Qu'emportent les enfants avec eux ?

★ **9** **Décris** en quelques phrases le monde de Taoki que tu imagines et **dessine**-le.

Au pays des dragons

J'entends

1 **Relie** les dessins au son que tu entends.

Je vois

2 **Recopie** les mots dans la bonne colonne.

l'oxygène – des chevaux – la paix – une galaxie – des amoureux – un texte – un choix – une expédition

👁 x et 👂 **ks**.	👁 x et 👂 rien.

J'écris

3 **Écris** les mots sous les dessins.

un _____ | *un* _____ | *un* _____

4 **Entoure** les bons mots pour donner un sens à la phrase.

• Xavier est un  excessif / excellent joueur de salopette. / saxophone.

• Il s'est  exigé / excusé mais il l'a fait exprès. / exact.

• Ce texte / textile  raconte les expirations / exploits d'un célèbre exposé. / explorateur.

★ **5** Devinettes.

• Je suis un objet qui éteint le feu. Je suis un _ _ _ _ _ _ _ _ _ _ .

• Je suis le contraire de *minimum*. Je suis _ _ _ _ _ _ _ _ .

• Je suis entre neuf et onze. Je suis _ _ _ _ .

• Je suis une voiture avec chauffeur. Je suis un _ _ _ _ _ .

• Je suis juste après le premier. Je suis le _ _ _ _ _ _ _ _ _ .

J'observe la langue

6 **Colorie** en bleu les phrases du présent et en orange les phrases du passé.

Le taxi se gare.

Axel est arrivé hier en train.

Le chien a enterré son os.

Aujourd'hui, le soleil brille.

Le vétérinaire examine le chat.

L'explosion a eu lieu tôt ce matin.

7 **Entoure** les mots qui indiquent le futur.

hier – demain – aujourd'hui – la semaine prochaine – dans trois jours –

la nuit dernière – aux prochaines vacances – avant-hier – ce soir –

bientôt – tout à l'heure – il y a trois jours – le mois prochain

Je comprends l'histoire de Taoki

8 **Coche** la bonne case.

	Vrai	Faux
Le voyage de Hugo, Lili et Taoki a été très long.		
Taoki habite à la campagne.		
Il y a des plantes géantes autour des maisons.		
Les voitures klaxonnent.		
Il est interdit de monter sur les fleurs.		
Les plantes sont bavardes.		
Les grandes vacances vont être longues.		

9 **Complète** le texte avec les mots suivants.

vacances – monde – xylophone – voitures –
yeux – toboggan – plantes – bouche

C'est maintenant à Lili et à Hugo de découvrir le ⎯⎯⎯⎯⎯ de leur

ami Taoki. Que de changements ! Ils n'en croient pas leurs ⎯⎯⎯⎯⎯.

Des ⎯⎯⎯⎯⎯ gigantesques les entourent. Elles ont des yeux et

une ⎯⎯⎯⎯⎯ pour parler. Les ⎯⎯⎯⎯⎯ n'ont pas de roues

mais elles klaxonnent. On peut faire du ⎯⎯⎯⎯⎯ sur les tiges

des plantes et jouer du ⎯⎯⎯⎯⎯ sur leurs feuilles. Incroyable !

Les ⎯⎯⎯⎯⎯ ne vont pas être assez longues pour tout visiter.

Révisions

J'entends

1 **Colorie** les dessins quand tu entends le son demandé.

ail ou **eil**

euil ou **ouil**

ian ou **ion**

Je vois

2 **Colorie** les cases contenant les mots suivants.

MAILLE   CAMION

FEUILLE   POTION

VIANDE   TEXTE

Q	O	T	P	C	A	M	I	O	N
R	F	E	U	I	L	L	E	A	R
A	U	X	E	M	A	I	L	L	E
P	O	T	I	O	N	B	G	L	I
S	Z	E	V	I	A	N	D	E	M

J'écris

3 **Remets** les syllabes **dans l'ordre** pour écrire les mots.

ven-é-tail   gi-ma-cien   pé-tion-o-ra   lo-ne-pho-xy

4 **Relie** les groupes de mots pour faire des phrases, puis **écris**-les.

Un écureuil •   • enfile •   • des réparations sur la pyramide.

Le comédien •   • effectuent •   • le tas de feuilles.

Les Égyptiens •   • fouille •   • son attirail de chevalier.

J'observe la langue

5 **Réécris** chaque phrase en ajoutant aux mots soulignés un adjectif proposé.

rose – gris – grande – petit – vieille – gentille – sucrée – citronnée

• Le <u>chien</u> joue avec un <u>chat</u>.

• La <u>robe</u> est rangée dans une <u>armoire</u>.

• La <u>dame</u> commande une <u>boisson</u>.

Je comprends l'histoire de Taoki

6 **Écris** le nom du ou des personnages dont on parle.

• Ils jouent de la viole et du tambourin. → _____

• Elle est en costume de princesse. → _____

• Il doit rentrer chez lui. → _____

• Ils vont dans le monde de Taoki. → _____

7 **Numérote** les phrases dans l'ordre de l'histoire.

....	Mais Taoki doit rentrer chez lui.
....	Pour finir leur visite, un grand banquet est donné au château.
....	Pour commencer, Hugo et Taoki partent à l'assaut du château fort.
....	Alors Hugo, Lili et Taoki partent par le livre.
....	Enfin, ils découvrent le monde de Taoki et ses plantes immenses.
....	Ensuite, ils participent à un tournoi médiéval.

Je décris un dessin

Observe le dessin.

Où est-on ?

1 **Entoure** l'endroit montré par le dessin.

une rue – une chambre – une forêt – une cour d'école – une classe – un jardin

2 **Complète** la phrase.
Le dessin montre

_____.

Que voit-on ?

3 **Entoure** les personnages que tu vois sur le dessin.

des animaux – des poupées – des enfants – des parents – des robots

4 **Écris** une phrase pour commencer.

Dans _____, il y a _____.

Que font-ils ?

5 **Relie** les groupes de mots pour former des phrases correspondant au dessin.

	• dorment •	• à la corde.
	• jouent •	• des glands.
Des enfants •	• ramassent •	• dans le lit.
	• sont assis •	• sur un banc.
	• courent •	• aux cartes.
	• sautent •	• partout.

6 **Recopie** ton texte pour décrire le dessin.

Je me présente

Qui suis-je ?

1 **Écris** ton prénom.

Je m'appelle _____.

Comment suis-je ?

2 **Colorie** le bon dessin, puis **complète** la phrase.

une fille

un garçon

Je suis _____.

3 **Entoure** la couleur de cheveux qui te correspond, puis **complète** la phrase.

noirs

bruns

blonds

roux

J'ai les cheveux _____.

4 **Entoure** la couleur des yeux qui te correspond, puis **complète** la phrase.

marrons

bleus

verts

J'ai les yeux _____.

5 **Dessine** ton portrait.

Ce que j'aime.

6 **Colorie** avec ta couleur préférée, puis **complète** la phrase.

Ma couleur préférée est le ———————————.

7 **Colorie** le sport que tu fais, puis **complète** la phrase.

football   judo   basketball   gymnastique

danse   équitation   tennis   natation

Je fais ———————————.

8 **Coche** ton activité préférée, puis **complète** la phrase.

☐ aller au cinéma   ☐ me promener   ☐ lire   ☐ jouer aux jeux vidéo

J'aime ———————————.

9 **Complète** le texte.

Je m'appelle ———————————.

Je suis ——————————— et j'ai les cheveux ———————————

et les yeux ———————————. Ma couleur préférée

est le ———————————. Je fais ———————————

et j'aime ———————————.

J'écris un conte

Qui est le héros ?

1 **Entoure** le héros de ton conte.

une reine   un roi   un chevalier   un dragon

Où le conte se déroule-t-il ?

2 **Colorie** le lieu où se passe ton conte.

une ville   une forêt   un zoo   une grotte   un château

Comment est ton héros ?

3 **Entoure** les mots pour dire comment est ton héros.

pauvre – malheureux – malheureuse – méchant – méchante – triste

Comment ton conte commence-t-il ?

4 **Complète** le début de ton histoire à partir de ce que tu viens de choisir.

Il était une fois ———————— qui habitait dans ———————— . Mais il/elle était ————————.

Que découvre ton héros ?

5 **Entoure** la découverte de ton héros.

une porte   un coffre-fort   une trappe   une boîte

Que trouve-t-il ?

6 **Colorie** le nouveau personnage ou objet de ton conte.

une fée   un clown   des lingots d'or   un livre   un fantôme

7 **Complète** la phrase.

Un jour, il/elle trouve ———————— avec ————————.

Que va-t-il se passer ?

8 **Entoure** les mots de ton choix.

- Il – Elle
- demande – attrape – transforme – disparaît – offre – vole – rend

9 **Écris** une phrase pour expliquer ce qui se passe.

Comment ton conte se finit-il ?

10 **Entoure** les mots pour écrire la fin de ton conte.

- Hélas ! – Finalement – À la fin
- il – elle
- s'enfuit – part en courant – est libéré – se cache – se marie – devient riche

11 **Écris** une phrase pour raconter la fin de ton conte.

12 **Recopie** les phrases de ton conte.

Il était une fois

J'écris une carte postale

À qui j'écris ?

1 **Entoure** la personne à qui tu as envie d'écrire.

Lili – maman – papa – mamie – papi – un(e) ami(e)

2 **Colorie** les mots qui conviennent.

Mon		Ma
Mes	Cher	Chère

3 **Écris** le début de ta carte postale : _____

Où suis-je ?

4 **Entoure** l'endroit où tu es parti(e).

au bord d'un lac – dans une forêt – dans les champs – en ville

5 **Écris** une phrase avec les mots que tu as entourés.

Je suis _____.

Que fais-tu ?

6 **Entoure** les mots pour décrire ce que tu fais.

- le vélo – le canoë – la pêche – le tennis – la promenade
- je joue – je dessine – je me promène – j'attrape – je vais – je fais

7 **Écris** une phrase pour raconter ce que tu fais.

Je _____ et _____.

Quelle formule pour finir ?

8 **Entoure** les groupes de mots que tu préfères pour finir ta carte postale.
Je t'embrasse – Au revoir – À très vite

9 **Écris** ta carte postale. N'oublie pas de signer et d'écrire l'adresse.

J'écris une liste

1 **Écris** les vêtements dont Lili peut avoir besoin pour ses vacances.

- S'il fait chaud :

- S'il fait froid :

2 **Entoure** les objets dont elle peut avoir besoin.

- Pour faire du sport :

- Pour faire sa toilette :

- Pour s'amuser :

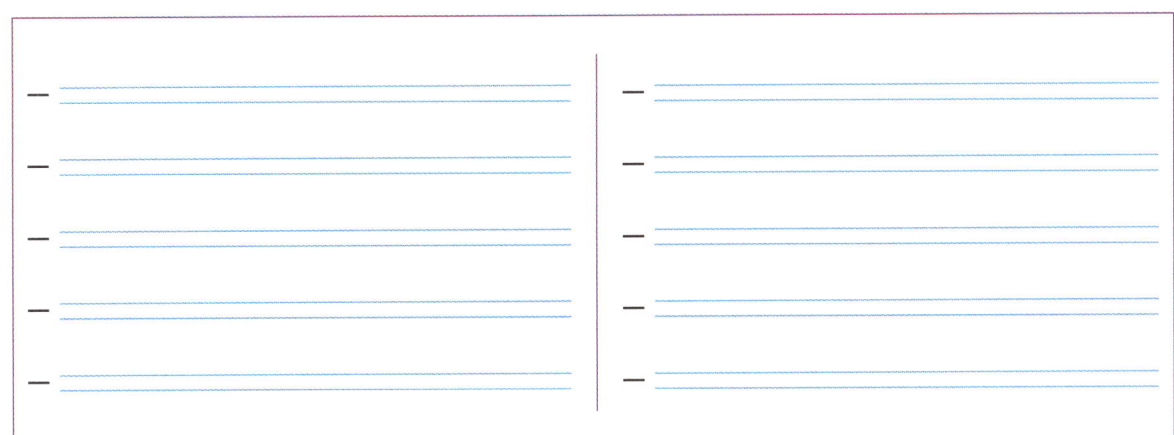

3 **Recopie** sous forme de liste les vêtements et les objets que tu as choisis pour aider Lili à faire sa valise.

J'écris une invitation

Observe ces cartons d'invitation.

Que fête-t-on ?

Pour fêter mes 7 ans,
je t'invite à mon anniversaire :
le 12 mai, à 15 heures.
Il y aura un super-goûter ; ce sera la fête !
Je compte sur toi ! Dis-moi si tu seras avec nous.
Voici mon adresse : 30, rue des Glycines
à Jolibourg
Cédric

Le 16 juin, ce sera le plus beau jour de l'année :
j'aurai 7 ans !
Je t'invite à mon anniversaire :
bonbons, gâteaux et jeux tout l'après-midi !
Dis-moi si tu seras là, à partir de 14 heures,
au 17 allée des Lilas à Vilabel.
Candice

....
☐ participera
☐ ne participera pas
Merci de me renvoyer ce coupon-réponse avant le : 30 mai

1 Écris une phrase pour répondre aux questions.

• À quoi servent ces cartons d'invitation ?

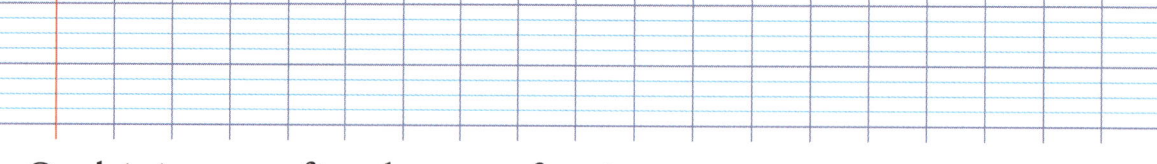

• Quel événement fête chaque enfant ?

• Qu'est-ce qui est demandé à la fin du deuxième carton ? Pourquoi ?

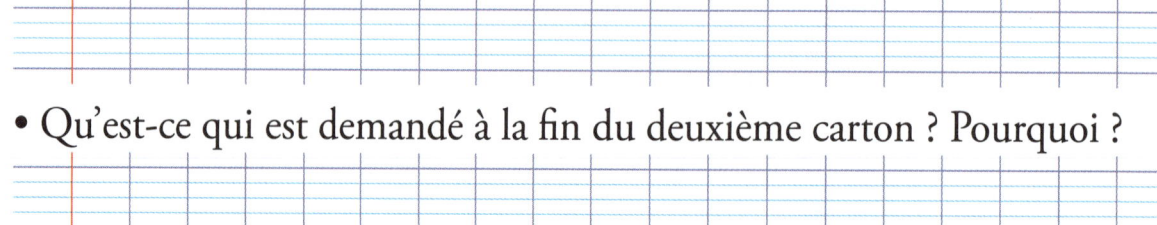

2 Sur chaque carton, **entoure** les informations de la couleur demandée.

■ le prénom de l'enfant   ■ la date de la fête

■ l'heure   ■ le lieu

Que vas-tu écrire sur ton carton d'invitation ?

3 **Écris** une phrase pour répondre aux questions.

• Quelle est la date de ton anniversaire ?

• Quel âge vas-tu avoir ?

• Que veux-tu faire ce jour-là avec tes amis ?

• Où et à quelle heure veux-tu les inviter ?

4 Avec toutes ces informations, **écris** le texte de ton invitation.
Tu peux **décorer** ton carton.

Jouons avec les mots !

1 Complète la grille. Tu découvriras le nom d'un instrument de musique ou d'un petit objet utilisé pour attacher des feuilles de papier.

① Après 12.
② Le contraire de *petit*.
③ Le contraire de *chaud*.
④ On le colle sur l'enveloppe.
⑤ Le contraire de *noir*.
⑥ Le contraire de *maigre*.
⑦ Les fruits du chêne.
⑧ Le nombre 30 écrit en lettres.

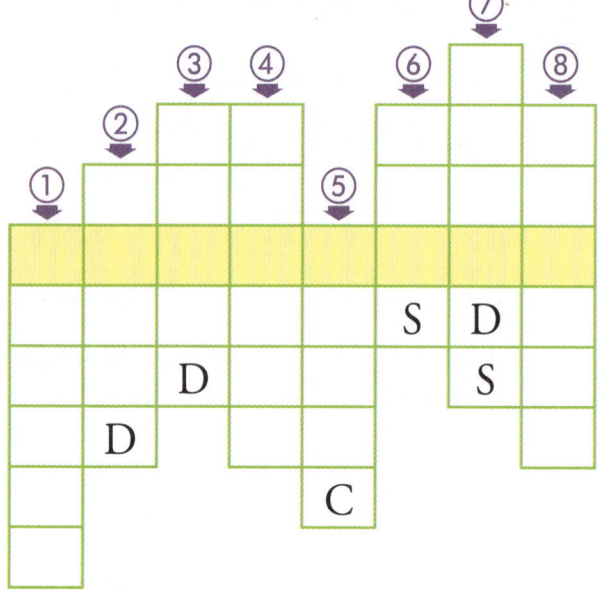

2 Applique ces trois consignes aux mots suivants pour **trouver** l'intrus.

- **Colorie** en orange les noms de pays et le prénom.
- **Entoure** tous les animaux qui volent.
- **Barre** les mots qui se terminent par un **t**.

le vautour – l'Australie – aussitôt – le hibou – la chauve-souris – Aurélie – l'Autriche – haut – la chaussure – le faucon – autrement

→ L'intrus est : _____ .

3 Écris les mots cachés qui se trouvent derrière ces chiffres.
Utilise ton alphabet.
A = 1 ; B = 2 ; C = 3 ; D = 4 ; E = 5 ; F = 6 ; G = 7 ; H = 8 ; I = 9 ; J = 10 ;
K = 11 ; L = 12 ; M = 13 ; N = 14 ; O = 15 ; P = 16 ; Q = 17 ; R = 18 ;
S = 19 ; T = 20 ; U = 21 ; V = 22 ; W = 23 ; X = 24 ; Y = 25 ; Z = 26

- 1 – 14 – 1 – 14 – 1 – 19

un _ _ _ _ _ _

- 16 – 1 – 18 – 1 – 16 – 12 – 21 – 9 – 5

un _ _ _ _ _ _ _ _ _

4 Rébus.

5 **Entoure** la syllabe commune à chaque colonne, puis **écris**-la.
En lisant ces syllabes dans l'ordre, tu **trouveras** un autre mot.

| une cachoterie | un cochon | malade | un chantier |
| un poncho | picorer | un lapin | un abricotier |

• un _____ _____ _____ _____

| méchante | chaude | un chevalier |
| une chanson | modeler | un palier |

• un _____ _____ _____

6 **Trouve** les mots dans la grille et **écris**-les.

• Le nom d'un poisson :

un b _ _ _ _ _ _

• Le nom d'un animal marin :

un c _ _ _ _ _

• Le nom d'une partie du corps :

une é _ _ _ _ _

• Le nom d'un vêtement :

un p _ _ _

• Le nom d'un repas :

le d _ _ _ _ _

O	U	C	S	P	C
R	A	R	A	U	T
É	P	A	U	L	E
N	O	B	M	L	A
N	E	E	O	T	V
E	D	Î	N	E	R

7 Rébus.

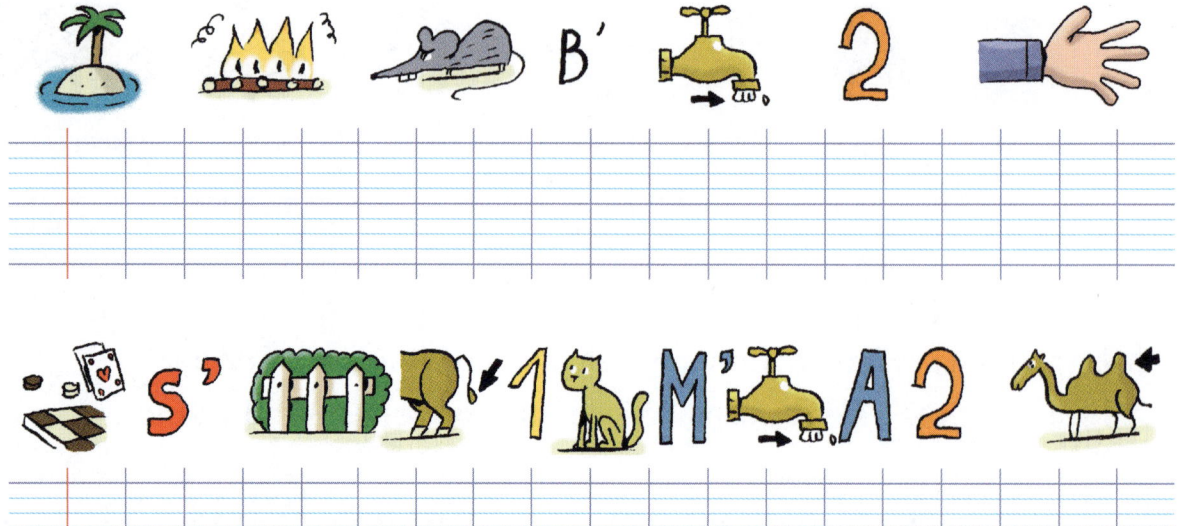

8 **Barre** les mots dans la grille et **remets dans l'ordre** les lettres qui restent pour **écrire** le nom d'une couleur.

MANGUE   PNEU
MAJEUR   BAGUE
CREUX   RUE
JEU   AVEU
GRANGE

M	A	J	E	U	R
A	B	E	E	B	C
N	U	U	P	A	R
G	R	A	N	G	E
U	A	V	E	U	U
E	L	R	U	E	X

→ La couleur mystère est le : _____ .

9 **Applique** ces trois consignes aux mots suivants pour **trouver** l'intrus.

- **Colorie** en vert tout ce qui se mange.
- **Entoure** tous les mots où le **g** se prononce **j**.
- **Barre** les mots qui se terminent par un **n**.

du jambon – la main – la gare – les frites – la bougie – le gâteau – le ballon – le singe – le refrain – le géant – l'ananas

→ L'intrus est : _____ .

10 **Trouve** les mots écrits sur chaque collier.

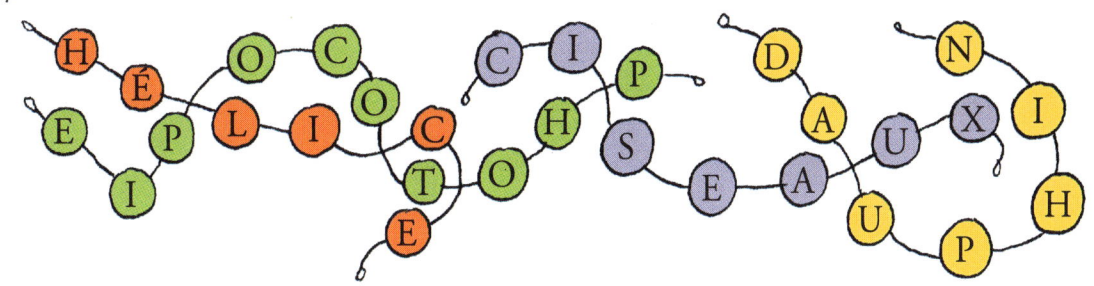

- Collier rouge : ═══════════
- Collier vert : ═══════════

- Collier violet : ═══════════
- Collier jaune : ═══════════

11 **Complète** la grille. Tu **découvriras** le nom d'un parfum de glace.

① Le contraire d'*après*.
② Qui a des rayures.
③ Un passage sous une montagne.
④ Pour jouer, on les fait tomber avec une boule.
⑤ Le féminin de *beau*.
⑥ On l'achète pour prendre le train.
⑦ On boit dedans.

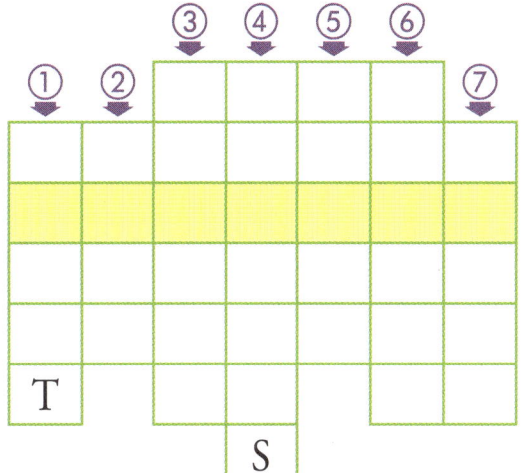

12 **Suis** le chemin et **entoure** le bon dessin.

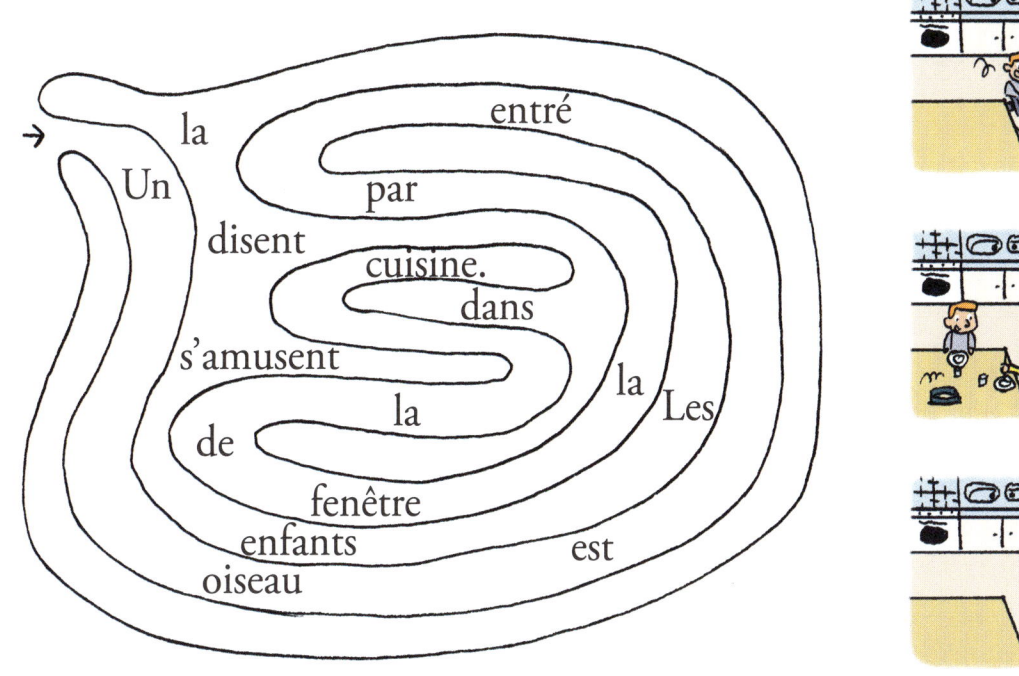

Un la entré
disent par
cuisine.
dans
s'amusent
la Les
de la
fenêtre
enfants est
oiseau

Vers le CE1

La phrase : majuscule et point

1 **Entoure** les points, puis **colorie** chaque phrase d'une couleur différente.

Aujourd'hui, le réveil n'a pas sonné.

Alors Lili est arrivée en retard à l'école.

Les élèves sont tous dans la classe. Lili n'ose

pas frapper à la porte. Elle a peur que le maître la gronde !

Complète.

Il y a ____ phrases.   Il y a ____ lignes.

2 **Remets** les mots **dans l'ordre**, puis **écris** chaque phrase correctement (ajoute la majuscule et le point).

la – la – tortue – salade – mange

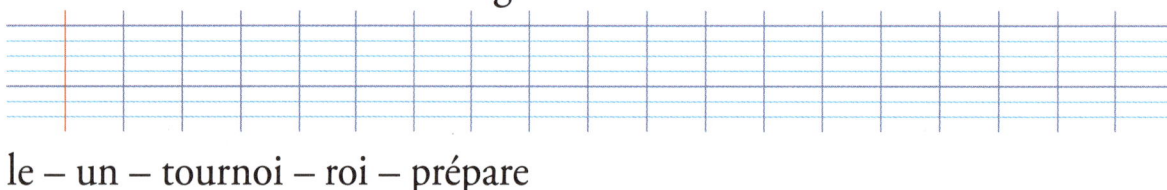

le – un – tournoi – roi – prépare

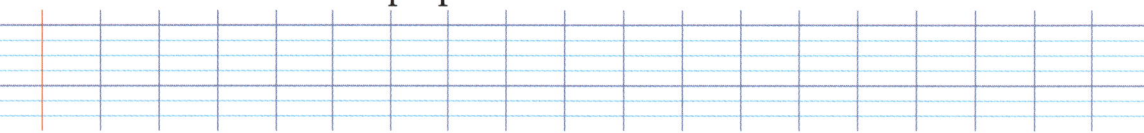

Le nom commun et le nom propre

3 **Recopie** les noms dans la bonne colonne.

Sarah – voiture – fleur – Paris – souris – bibliothèque – Italie – Théo

Noms communs	Noms propres

4 **Entoure** les noms propres en rouge et les noms communs en bleu.

Éléna part au Portugal avec une valise.

Le frère de Sam est à la piscine.

Patsy et Milou se promènent dans la forêt de Bébour.

Le genre des noms

5 **Ajoute** **un** ou **une** devant chaque nom.

_____ sabre – _____ corde – _____ voile – _____ marin –

_____ navire – _____ tempête – _____ coque – _____ pirate

6 **Écris** le masculin des noms.

une écolière : un _____ une actrice : _____

une couturière : un _____ une factrice : _____

7 **Écris** le féminin des noms.

un boucher : une _____ un danseur : _____

un sorcier : une _____ un coiffeur : _____

Le pluriel des noms

8 **Écris** les mots sous les dessins (attention au singulier ou pluriel).

_____ _____ _____

_____ _____

Le pluriel des articles

9 **Relie** le déterminant au nom.

une   un   des

ballon   chaussettes   gomme   bijoux   jouet   casserole

10 **Complète** les phrases avec le bon déterminant.

le – une – son – l' – ses – les – un

Maëva va au football. Elle enfile _____ short et met _____
chaussettes dans _____ sac.
Sur _____ terrain, elle retrouve _____ nouvelle équipe
qu'elle ne connaît pas.
_____ joueurs lui disent « bonjour » et _____ entraînement commence.

Le sujet et son substitut : il, elle, ils, elles

11 Relie chaque nom au mot qui peut le remplacer.

une vache •   • il

les guirlandes •   • ils

un ballon •   • elle

des abricots •   • elles

12 Complète les phrases en remplaçant le mot souligné par **il**, **ils**, **elle** ou **elles**.

• <u>Les lutins</u> préparent Noël.

———— fabriquent les jouets, puis ———— décorent le sapin

et ———— attellent les rennes au traîneau.

• <u>Aglaé</u> est une tortue.

———— adore les trèfles et ———— aime se promener dans le jardin.

En hiver, ———— peut dormir dans un coin du potager.

Reconnaître un verbe conjugué

13 Colorie les verbes parmi ces mots.

court	un chanteur	un dessin	dessine	l'éléphant
une poule	parle	achète	la télévision	regarde

14 Entoure le verbe dans chaque phrase.

Adam et Lisa jouent au ballon.

Le boulanger prépare son pain tôt le matin.

La petite fille mange des pommes.

Papa achète des fleurs à maman.

Le verbe et son sujet

15 Réécris la phrase en changeant le mot souligné.

<u>Le loup</u> chasse. → ————————————————

<u>Le camion</u> passe dans la rue. → ————————————————

<u>Le petit chat</u> dort sur le lit. → ————————————————

16 **Souligne** celui qui fait l'action.

Ranto épluche les pommes.

Le cheval noir galope dans le pré.

Mon frère regarde par la fenêtre.

Mamie achète une belle robe bleue.

Le verbe et son infinitif

17 **Entoure** l'infinitif de ces verbes conjugués.

adore – adorons – adorera – adorez   →   adorir – adorer – adoré

part – partirez – partent – partira   →   partir – partirer – aller

coupa – coupons – coupe – couperons   →   coupez – coupir – couper

18 **Entoure** les verbes à l'infinitif.

pâtissier – chanter – finir – premier – passer – crier – délire

La phrase négative

19 **Colorie** les phrases négatives.

Je monte à cheval.

Anna ne tousse plus.

Mon cartable est abîmé.

La boîte n'est pas vide.

Elle ne veut pas de crudités.

Je ne mens jamais.

La phrase interrogative

20 **Invente** la question pour chacune de ces réponses (n'oublie pas le point d'interrogation).

Tu peux utiliser les mots suivants : où – quand – qui – que.

Mario joue dans le jardin. → _____

Ma grand-mère arrive mardi. → _____

Le livre est sur la table. → _____

L'adjectif

21 **Complète** chaque mot avec un adjectif de cette liste.

longs – rouge – blonds – gros – petit – rapide – petite – énorme – vieux

un poisson _____   des cheveux _____

un _____ chat   un _____ gâteau

un train _____   ma _____ soeur

22 **Relie** chaque adjectif au nom auquel il se rapporte.

gros   épineuse   sucré   colorée   belle   délicieux

Enrichir une phrase

23 **Souligne** les groupes de mots qui apportent des informations supplémentaires à chacune de ces phrases.

• Le renard guette. → Depuis des heures, le renard guette la sortie du terrier des lapins.

• Amira part en avion. → Lundi matin, Amira part au Japon en avion.

24 **Ajoute** des informations à ces phrases.

• Arthur dort. → _____

_____

• Le lion chasse. → _____

_____

Passé, présent, futur

25 **Transforme** chaque phrase en fonction du début proposé.

• Carole dessine.

En ce moment, _____

• La fusée décolle.

Dimanche, _____

• Le facteur passe.

Lundi dernier, _____

26 **Colorie** en bleu les mots du passé et en jaune ceux du futur.

demain	il y a 5 jours	hier soir
avant-hier	la semaine prochaine	dans quinze jours

Imprimé en Italie par STIGE
Dépôt légal : Février 2019 - Collection n° 23 - Édition n° 06
62/9783/1